Das Gefahrenpotenzial von Cybermobbing. Psychosoziale Auswirkungen auf Kinder und Jugendliche

Alexandra Steinbach

Bibliografische Information der Deutschen Nationalbibliothek:

Die Deutsche Nationalbibliothek verzeichnet diese Publikation in der Deutschen Nationalbibliografie; detaillierte bibliografische Daten sind im Internet über http://dnb.d-nb.de abrufbar.

ISBN: 9783389089347
Dieses Buch ist auch als E-Book erhältlich.

© GRIN Publishing GmbH
Trappentreustraße 1
80339 München

Druck und Bindung: Books on Demand GmbH, Norderstedt Germany
Gedruckt auf säurefreiem Papier aus verantwortungsvollen Quellen

Das vorliegende Werk wurde sorgfältig erarbeitet. Dennoch übernehmen Autoren und Verlag für die Richtigkeit von Angaben, Hinweisen, Links und Ratschlägen sowie eventuelle Druckfehler keine Haftung.

Das Buch bei GRIN: https://www.grin.com/document/1518377

Seminararbeit

Wie kann das Gefahrenpotenzial von Cybermobbing im Internet für Kinder und Jugendliche beurteilt werden

Eingereicht am 30.09.2024

Inhaltsverzeichnis

1   Einleitung... 1

2   Cybermobbing: Definition und Abgrenzung... 2

3   Mediennutzung von Kindern und Jugendlichen.. 3

4   Erscheinungsformen des Cybermobbings... 4

5   Akteure und Dynamiken im Cybermobbing... 5

6   Auswirkungen von Cybermobbing auf Kinder und Jugendliche.............................. 7

7   Rechtliche Konsequenzen... 8

8   Präventionsmaßnahmen... 8

9   Fazit..10

Literaturverzeichnis.. II

1 Einleitung

Die zunehmende Digitalisierung hat unser Leben in vielerlei Hinsicht verbessert und bietet neue Wege für Kommunikation und Interaktion. Neben den zahlreichen Vorteilen birgt die digitale Welt jedoch auch Risiken, die besonders Kinder und Jugendliche betreffen. Eine dieser Herausforderungen ist Cybermobbing, die digitale Form des Mobbings, die sich zunehmend zu einer ernstzunehmenden Bedrohung entwickelt hat und schwerwiegende Auswirkungen auf die Betroffenen haben kann.

Diese Arbeit untersucht das Phänomen des Cybermobbings und beleuchtet sowohl die Abgrenzung zu traditionellem Mobbing als auch die spezifischen Erscheinungsformen und Rollen im digitalen Raum. Ein besonderes Augenmerk wird auf die psychosozialen Auswirkungen auf Kinder und Jugendliche sowie auf Präventions- und Interventionsstrategien gelegt.

Die Relevanz des Themas ergibt sich aus der wachsenden Verbreitung digitaler Medien im Alltag junger Menschen. Smartphones, soziale Netzwerke und Online-Spiele sind fester Bestandteil ihres Lebens, während die Anzahl der Cybermobbing-Fälle stetig zunimmt. Die Folgen für die Betroffenen können schwerwiegend sein, insbesondere in Bezug auf ihre psychische Gesundheit und ihr soziales Wohlbefinden.

Ziel dieser Arbeit ist es, ein umfassendes Verständnis von Cybermobbing zu vermitteln und aufzuzeigen, wie Kinder und Jugendliche besser geschützt werden können. Neben der theoretischen Fundierung des Themas werden praxisnahe Handlungsempfehlungen für Schulen, Eltern und andere Akteure präsentiert.

Die Arbeit gliedert sich in mehrere Kapitel, die sich den unterschiedlichen Facetten von Cybermobbing widmen. Zu Beginn wird das Phänomen definiert und vom traditionellen Mobbing abgegrenzt. Daraufhin folgen Darstellungen der vielfältigen Erscheinungsformen im digitalen Raum sowie der Rollen von Täter:innen, Opfer und Zeug:innen.

Ein weiteres Kapitel widmet sich den psychosozialen Auswirkungen auf Kinder und Jugendliche, wobei deutlich wird, dass Cybermobbing gravierende Folgen für die psychische Gesundheit und das Wohlbefinden der Betroffenen haben kann. Abschließend werden Präventions- und Interventionsstrategien vorgestellt, die dazu beitragen sollen, Cybermobbing vorzubeugen und betroffenen Kindern und Jugendlichen wirksam zu helfen.

Diese Arbeit möchte zur Sensibilisierung für das Thema Cybermobbing beitragen und dazu anregen, sich aktiv für den Schutz junger Menschen im digitalen Raum einzusetzen. Nur durch gemeinsames Handeln aller Beteiligten – darunter Schulen, Eltern und politische Entscheidungsträger – kann eine sichere und respektvolle Online-Umgebung geschaffen werden, in der Kinder und Jugendliche frei von Angst und Gewalt aufwachsen können.

2 Cybermobbing: Definition und Abgrenzung

Im Zuge der Digitalisierung und des zunehmenden Einsatzes sozialer Medien hat sich Cybermobbing zu einer ernstzunehmenden Bedrohung für das Wohlbefinden von Kindern und Jugendlichen entwickelt (Petermann & von Marées, 2013, S. 145). Eine eingehende Betrachtung des Phänomens offenbart seine Komplexität und die Notwendigkeit, traditionelles Mobbing von Cybermobbing zu unterscheiden. Letzteres zeichnet sich durch den Gebrauch digitaler Plattformen aus, die eine Anonymität und Reichweite ermöglichen, welche Täter:innen zu ihrem Vorteil nutzen können (Vaillancourt et al., 2017, S. 369-370). Die Anonymität im Internet kann bei Cybermobbing eine wesentliche Rolle für das Fehlverhalten der Täter:innen spielen. Die Möglichkeit, hinter einem Pseudonym oder einem anonymen Profil zu agieren, senkt die Hemmschwelle für aggressives und schädigendes Verhalten. Diese Anonymität kann zu einer Entkopplung von sozialen Konsequenzen führen und lässt Täter:innen oft ohne Furcht vor unmittelbaren Vergeltungsmaßnahmen agieren.

Darüber hinaus zeichnet sich Cybermobbing durch seine zeitliche und räumliche Grenzenlosigkeit aus. Anders als beim traditionellen Mobbing, das sich auf spezifische Orte wie z.B. die Schule beschränkt und somit ein Ende findet, sobald das Opfer diesen Ort verlässt, erstreckt sich Cybermobbing über jeglichen räumlichen und zeitlichen Barrieren hinweg (Vaillancourt et al., 2017, S. 369-371). Opfer können rund um die Uhr und an jedem Ort belästigt werden, womit das Internet zu einem Raum wird, dem sich Betroffene nur schwer entziehen können. Die Rollendynamik bei Cybermobbing ist eine weitere Besonderheit. Während beim traditionellen Mobbing die Rollen von Täter:innen und Opfer oft klar definiert sind, kann im Kontext von Cybermobbing auch ein Rollenwechsel stattfinden. Dies verkompliziert nicht nur die Dynamik, sondern kann auch zu komplexeren psychosozialen Auswirkungen für alle Beteiligten führen. Die Omnipräsenz digitaler Medien im Leben von Kindern und Jugendlichen erschwert die Möglichkeit, sich von Cybermobbing-Aktivitäten zu distanzieren. Die Tatsache, dass Smartphones und ähnliche Geräte ständig griffbereit sind, führt dazu, dass sich Opfer von Cybermobbing kaum abschotten können. Dies hat zur Folge, dass die Auswirkungen von Cybermobbing oft intensiver und langanhaltender sind als die des traditionellen Mobbings. Zusätzlich kann die schnelle und weite Verbreitung mobbender Inhalte über soziale Netzwerke und Plattformen eine psychosoziale Isolation des Opfers herbeiführen. Indem belastende Bilder oder Gerüchte binnen Sekunden ein breites Publikum erreichen, wird das Opfer auf eine Weise bloßgestellt, die im physischen Raum so nicht möglich wäre. Diese Art der öffentlichen Demütigung kann schwerwiegende Auswirkungen auf das Selbstwertgefühl und die psychische Gesundheit der Betroffenen haben

Das Phänomen der "Online Courage", bei dem sich Täter:innen durch die Anonymität und Distanz zum Opfer im Internet enthemmter verhalten, führt zu einer Verrohung des Umgangs (Vaillancourt et al., 2017, S. 370). Diese Empathielosigkeit kann schwerwiegende Folgen für die psychosoziale Entwicklung Jugendlicher haben und die Schwere der erlebten Traumata erhöhen.

Vor diesem Hintergrund kristallisiert sich die Notwendigkeit von evidenzbasierten Präventions- und Interventionsstrategien heraus (De Bock & Rehfuess, 2021, S. 523). Da Kinder und Jugendliche in allen Schulformen und Altersgruppen von Cybermobbing betroffen sein können, bedarf es umfassender Maßnahmen, die auf wissenschaftlichen Erkenntnissen fußen und ein sicheres Lern- und Lebensumfeld gewährleisten ((Schultze-Krumbholz et al., 2021). Hierbei gilt es, Programme zu entwickeln, die sowohl den besonderen Herausforderungen des Cybermobbings Rechnung tragen als auch Maßnahmen zur Stärkung der Medienkompetenz beinhalten.

Es lässt sich festhalten, dass die Betrachtung von Cybermobbing eine mehrdimensionale Analyse erfordert, die sowohl die Besonderheiten des digitalen Raumes als auch die psychosozialen Auswirkungen auf die Beteiligten einbezieht. Die Entwicklung und Anwendung evidenzbasierter Interventionsstrategien ist unerlässlich, um das Phänomen des Cybermobbings effektiv zu bekämpfen und die Gesundheit und Entwicklung von Kindern und Jugendlichen nachhaltig zu sichern.

3 Mediennutzung von Kindern und Jugendlichen

Die Bitkom-Studie 2024 liefert umfassende Einblicke in die digitale Mediennutzung von Kindern und Jugendlichen und verdeutlicht deren weitreichende Auswirkungen auf den Alltag der jungen Generation. Die Studie dokumentiert eine zunehmende Präsenz digitaler Geräte wie Smartphones, Tablets und Laptops in allen Altersgruppen und deren signifikanten Einfluss auf Kommunikation, Lernen und Freizeitgestaltung. Laut einer Studie verwenden bereits 64 % der Kinder im Alter von 6 bis 9 Jahren gelegentlich ein Smartphone. Bei den 16- bis 18-Jährigen steigt dieser Anteil sogar auf 98 %. Die Daten belegen, dass sowohl die Häufigkeit als auch die Intensität der Nutzung digitaler Medien mit zunehmendem Alter deutlich ansteigen. Jugendliche im Alter von 16 bis 18 Jahren verbringen im Durchschnitt täglich 201 Minuten vor dem Bildschirm.

Die Studie hebt sowohl die potenziellen Vorteile als auch die Risiken der intensiven Mediennutzung hervor. Digitale Medien bieten wertvolle Möglichkeiten für Bildungs- und Sozialinteraktionen, bringen jedoch auch erhebliche Risiken mit sich. Dazu zählen Cybermobbing, der Zugang zu unangemessenen Inhalten und die Gefahr einer exzessiven Nutzung. Etwa 57 % der befragten Jugendlichen geben an, sich ein Leben ohne Internet nicht mehr vorstellen zu können, was auf eine tiefgreifende Integration digitaler Technologien in ihren Alltag hinweist. Gleichzeitig berichten zahlreiche Befragte von negativen Online-Erfahrungen, einschließlich Beleidigungen, Mobbing und Bedrohungen. Etwa 50 % der betroffenen Jugendlichen reagieren auf solche Vorfälle, indem sie das Gespräch mit Erwachsenen suchen. 16 % melden die Vorfälle den Betreibern der jeweiligen Plattformen, während 12 % keine Maßnahmen ergreifen.

Die Ergebnisse der Studie unterstreichen die zentrale Rolle von Eltern und Bildungseinrichtungen bei der Förderung von Medienkompetenz. Laut Studie informieren 61 % der Eltern ihre Kinder über rechtlich zulässige Internetaktivitäten, und 38 % führen regelmäßige Gespräche über deren Online-

Erfahrungen.

Die Studie empfiehlt Maßnahmen zur Förderung der digitalen Kompetenz und Sicherheit von Kindern und Jugendlichen. Eltern sollen Geräte und Medien aktiv mit ihren Kindern nutzen und sich über altersgerechte Angebote informieren. Der Einsatz von Jugendschutzeinstellungen sowie die Thematisierung negativer Interneterfahrungen werden empfohlen. Schulen sollen durch externe Expertise und verpflichtende Fortbildungen für Lehrkräfte die Medienkompetenz stärken, und Informatik soll ab Sekundarstufe 1 Pflichtfach werden. Polizei und Ermittlungsbehörden benötigen mehr Ressourcen für den Schutz junger Nutzer:innen. Plattformen und Dienste sollten kindgerechte Funktionen bieten und geschützte Bereiche schaffen. Die Verantwortung liegt bei Familie, Politik und Wirtschaft.

4 Erscheinungsformen des Cybermobbings

Cybermobbing stellt ein komplexes und vielschichtiges Problem dar, das sich in verschiedenen Formen manifestieren kann (Willard, 2007, S. 35–40). Diese Form der Aggression umfasst sowohl verbale als auch psychische Angriffe, die über digitale Kanäle verbreitet werden, um Opfer zu schikanieren, zu demütigen oder zu bedrohen.

Verbales Cybermobbing äußert sich durch direkte Beleidigungen, Hänseleien oder Drohungen und nutzt oft die Anonymität des Internets aus, um die Hemmschwellen für solche Angriffe zu senken (Willard, 2007, S. 10). Im Gegensatz dazu ist psychisches Cybermobbing subtiler und zielt auf emotionale Verletzung und soziale Isolation ab. Hierzu gehört etwa das gezielte Ausgrenzen von Personen oder das Verbreiten von Gerüchten, um das Opfer zu isolieren (Willard, 2007, S. 50–55).

Obwohl Cybermobbing überwiegend digital stattfindet, kann es auch physische Aspekte umfassen, wie beispielsweise das Filmen und Verbreiten von körperlichen Angriffen, bekannt als „Happy Slapping", oder das Anstiften zu gefährlichen Herausforderungen (Willard, 2007, S. 60–65). Die Formen des Cybermobbings sind vielfältig und umfassen aggressives Verhalten wie beleidigende Nachrichten (Flaming), wiederholte Belästigungen (Harassment), die Verbreitung falscher Informationen (Denigration) und Identitätsdiebstahl (Impersonation) (Willard, 2007, S. 70–75). Zudem können Opfer durch die Veröffentlichung privater Informationen (Outing and Trickery) bloßgestellt oder aus Online-Gruppen ausgeschlossen (Exclusion) werden (Willard, 2007, S. 80–85). Weitere schwerwiegende Formen sind Cyberstalking, massive Bedrohungen (Cyberthreats) und das Anbahnen sexueller Kontakte mit Minderjährigen unter falscher Identität (Cyber-Grooming) (Willard, 2007, S. 90–95).

Diese vielfältigen Erscheinungsformen verdeutlichen die Komplexität und die weitreichenden Auswirkungen von Cybermobbing, die umfassende und differenzierte Präventions- und Interventionsstrategien erfordern.

5   Akteure und Dynamiken im Cybermobbing

Im Kontext des Cybermobbings spielen verschiedene Akteure eine zentrale Rolle. Diese umfassen die Täter:innen, die Opfer und die Zeug:innen (Bystander). Jede dieser Gruppen trägt auf unterschiedliche Weise zur Dynamik des Cybermobbings bei und hat spezifische Merkmale und Verhaltensweisen. Hinduja und Patchin (2017) identifizieren Aggressivität, Dominanzstreben und einen Mangel an Empathie als prägnante Charakteristika der Täter:innen. Diese Personen streben häufig danach, durch ihre Handlungen Macht und Kontrolle über andere zu erlangen, wobei sie wenig Rücksicht auf die emotionalen Konsequenzen für ihre Opfer nehmen. Die Anonymität des Internets kann diese Neigungen weiter verstärken, da die Unsichtbarkeit des Gegenübers und das Verbergen der eigenen Identität die Hemmschwellen senken und zu einer Verrohung der Kommunikation führen können. Aggressives Verhalten in einer digitalen Umgebung, ohne die direkt sichtbaren und oftmals mäßigenden Reaktionen des Gegenübers, ist signifikant intensiver ausgeprägt. Dies schafft ein Umfeld, in dem aggressive Impulse nahezu ungehemmt ausgelebt werden können, ohne dass die Täter:innen unmittelbar mit den Konsequenzen ihres Handelns konfrontiert werden.

Das Streben nach sozialer Dominanz ist ebenfalls ein bedeutender Motivationsfaktor. Das Bedürfnis, sich innerhalb von Online-Gruppen als dominant zu präsentieren, kann Täter:innen dazu veranlassen, andere zu erniedrigen und sich auf deren Kosten zu profilieren (Hinduja & Patchin, 2017, S. 56). Die Absicht, Macht auszuüben oder zu beeindrucken, hat im digitalen Raum oft eine größere Reichweite als in persönlichen Interaktionen, da Nachrichten und Botschaften schnell und weit verbreitet werden können. Ein weiterer zentraler Aspekt ist das Defizit an Empathie, das viele Cybermobbing-Täter:innen kennzeichnet. Ein fehlendes Einfühlungsvermögen, verbunden mit der Möglichkeit, sich im Internet hinter Pseudonymen zu verstecken, schafft ein Umfeld, in dem sich Täter:innen ermutigt fühlen, schädigende Handlungen auszuführen (Hinduja & Patchin, 2017, S. 57). Diese Beobachtung unterstreicht die Notwendigkeit, Präventionsprogramme nicht nur auf Verhaltensänderungen auszurichten, sondern auch die sozialen Kompetenzen und die Förderung von Empathie bei Jugendlichen zu verbessern.

Cybermobbing-Täter:innen weisen laut einer Meta-Analyse von Guo (2016, S. 434) mehrere charakteristische Merkmale auf. Typischerweise handelt es sich dabei um ältere Jugendliche, vorwiegend männlichen Geschlechts, die oft bereits Erfahrungen mit traditionellem Mobbing gemacht haben, sei es als Täter oder Opfer. Diese Personen zeigen häufig signifikante Verhaltensauffälligkeiten und antisoziale Persönlichkeitsmerkmale wie Narzissmus und Impulsivität. Ihre Wahrnehmung von Aggression ist oft verzerrt, da sie Aggression als akzeptabel oder sogar gerechtfertigt betrachten und wenig Empathie oder Reue gegenüber anderen zeigen. Eine hohe Internetnutzung ist ebenfalls ein häufiges Merkmal unter Cybermobbing-Tätern. Darüber hinaus sind ihre familiären Verhältnisse oft von Konflikten geprägt oder sie erhalten wenig elterliche Betreuung. In der Schule haben sie häufig mit einem negativen Klima zu kämpfen und stehen in problematischen Beziehungen zu Gleichaltrigen, insbesondere zu solchen, die gewalttätiges oder abweichendes Verhalten zeigen.

Während die Täter:innen von Cybermobbing durch bestimmte Verhaltensmuster und soziale Umstände gekennzeichnet sind, leiden die Opfer unter den gravierenden psychischen Auswirkungen dieser Angriffe. Die Erfahrungen von Opfern von Cybermobbing zeigen, dass diese häufig unter psychischen Störungen wie Depression und Angst leiden. Nikolaou (2017, S. 31) weist darauf hin, dass sowohl Cybermobbing-Opfer als auch Täter:innen ein doppelt so hohes Risiko für suizidales Verhalten haben im Vergleich zu Nicht-Beteiligten. Dieser Befund ist besonders alarmierend und verdeutlicht die Dringlichkeit effektiver Unterstützungsstrukturen. Es wird klar, dass Präventions- und Interventionsmaßnahmen nicht nur darauf abzielen sollten, Cybermobbing zu reduzieren, sondern auch die Resilienz und psychische Gesundheit der betroffenen Kinder und Jugendlichen zu stärken.

Darüber hinaus weisen Petermann und Petras (2019, S. 203) darauf hin, dass Mädchen in ihrer Mediennutzung spezifischen Inhalten ausgesetzt sind, die sie anfälliger für Cybermobbing machen können. Geschlechtsspezifische Unterschiede in der Nutzung von Medien führen zu unterschiedlichen Erfahrungen mit Cybermobbing, was die Notwendigkeit geschlechtersensibler Ansätze in der Präventionsarbeit unterstreicht, um beiden Geschlechtern adäquat zu begegnen.

Laut der Meta-Analyse von Guo (2016, S. 433) zeichnen sich typische Cybermobbing-Opfer durch mehrere charakteristische Merkmale aus. Häufig handelt es sich um Mädchen, die bereits Erfahrung als Opfer von traditionellem Mobbing gesammelt haben. Diese Personen zeigen oft ein hohes Maß an Depression, Hilflosigkeit, Stress oder Einsamkeit und verbringen viel Zeit im Internet. Einige von ihnen haben auch Erfahrungen als Täter:innen von traditionellem Mobbing gemacht und weisen eine Reihe von Verhaltensauffälligkeiten sowie antisoziale Persönlichkeitszüge auf. Ihr Selbstwertgefühl ist in der Regel niedrig, und sie besitzen eine eher positive Einstellung gegenüber Aggression. Zudem sind sie oft in einer negativen Familienumgebung aufgewachsen, fühlen sich wenig mit der Schule verbunden und erleben häufig Zurückweisung und Isolation durch Gleichaltrige

Die Rolle der Bystander, also der Zeug:innen von Cybermobbing, ist ebenfalls von entscheidender Bedeutung. Williford et al. (2013, S. 828) betonen, dass Bystander durch ihr Verhalten das Mobbing entweder verstärken oder abschwächen können. Daher ist es essenziell, diese Gruppe in Präventionsprogramme einzubeziehen und ihnen die notwendigen Kenntnisse und Fähigkeiten zu vermitteln, um effektiv gegen Cybermobbing vorgehen zu können.

Schließlich weisen Abreu und Kenny (2017, S. 91) auf die Komplexität der Dynamiken und der wechselnden Rollen zwischen Täter:innen, Opfern und Bystandern hin. Diese Dynamik verdeutlicht, dass Cybermobbing als ein vielschichtiges Phänomen verstanden werden muss, das flexible und adaptive Präventionsansätze erfordert. Solche Ansätze sollten es ermöglichen, die vielfältigen Erscheinungsformen des Cybermobbings zu erkennen und angemessen darauf zu reagieren, indem resilienzfördernde Strategien für alle Beteiligten angeboten werden.

Zusammenfassend lässt sich feststellen, dass das Rollengefüge im Kontext von Cybermobbing einem steten Wandel unterliegt und die beteiligten Akteur:innen in einem komplexen Interaktionsgeflecht agieren. Diese Erkenntnisse sind von entscheidender Bedeutung für die Entwicklung effektiver Präventions- und Interventionsstrategien, die darauf abzielen, die psychosozialen Auswirkungen für alle Betroffenen zu minimieren und einen sicheren Raum in der digitalen Welt zu schaffen.

6 Auswirkungen von Cybermobbing auf Kinder und Jugendliche

Cybermobbing ist in den digitalen Lebenswelten von Kindern und Jugendlichen eine weit verbreitete Form der Aggression, deren Folgen gravierend sein können. Die Verbindung von Cybermobbing und dem Anstieg psychischer Gesundheitsrisiken ist belegt und besorgniserregend. Nikolaou (2021, S. 78) zeigt, dass Jugendliche, die Cybermobbing ausgesetzt sind, erhöhte depressive Symptome, Angstzustände, Einsamkeit und sogar suizidale Tendenzen aufweisen. Diese Befunde sind ein Alarmsignal und unterstreichen die Wichtigkeit effektiver Präventionsprogramme, die insbesondere die psychischen Gesundheitsrisiken adressieren und Ressourcen für die Betroffenen bereitstellen sollten, um diesen folgenschweren Auswirkungen entgegenzuwirken.

Ein weiterer bedeutender Faktor ist das erhöhte Suizidrisiko, das mit Cybermobbing-Erfahrungen einhergeht. Kim et al. (2020, S. 255) konnten zeigen, dass Opfer von Cybermobbing ein erhöhtes Suizidrisiko tragen, welches durch eine stärkere Bindung an die Schule potenziell verringert wird. Dies unterstreicht die Relevanz von schulischen Interventionen und Präventionsprogrammen, die das Gemeinschaftsgefühl und die soziale Unterstützung stärken.

Die Zusammenhänge zwischen Cybermobbing und physischen bzw. psychosomatischen Symptomen sind ein weiteres kritisches Thema. Böhmer und Steffgen (2022, S.458) verweisen darauf, dass Mobbingopfer vermehrt von somatischen Symptomen betroffen sind. Diese Erkenntnisse weisen auf die Notwendigkeit hin, dass Präventions- und Interventionsprogramme umfassend ausgerichtet sein müssen und nicht nur psychologische, sondern auch physische Aspekte der Gesundheit berücksichtigen.

In Bezug auf die Auswirkungen der Schulbindung auf Cybermobbing und Suizidprävention offenbart die Längsschnittstudie von Kim et al. (2020, S.256) die Bedeutung der „School Connectedness". Als eine suizidpräventive Maßnahme kann eine starke Schulbindung die Folgen von Cybermobbing abfedern. Schüler, die sich stärker mit ihrer Schule verbunden fühlen, zeigen weniger Anzeichen von Depression und Angst und sind besser in der Lage, mit den negativen Erfahrungen des Cybermobbings umzugehen. Auch der Einfluss von sozialer und elterlicher Unterstützung auf die Folgen von Cybermobbing kann nicht unterschätzt werden. António et al. (2023, S.1078) zeigen auf, dass soziale und elterliche Unterstützung die Symptome psychischer Belastungen mindern können. Dieser Puffermechanismus demonstriert die wichtige Rolle, die soziale Arbeit in der Stärkung solcher Unterstützungssysteme spielt.

Abschließend zeichnet sich ein komplexes Bild der Auswirkungen von Cybermobbing auf Kinder und Jugendliche ab, das die Notwendigkeit einer umfassenden, multidimensionalen Herangehensweise in der Präventions- und Interventionsarbeit unterstreicht. Es ist entscheidend, dass alle Beteiligten, von Eltern und Lehrern bis hin zu politischen Entscheidungsträgern, zusammenarbeiten, um ein sicheres und unterstützendes Umfeld für junge Menschen zu schaffen. Nur durch eine koordinierte und ganzheitliche Herangehensweise können wir die schwerwiegenden Folgen von Cybermobbing effektiv bekämpfen und die psychische sowie physische Gesundheit der Betroffenen nachhaltig schützen.

7 Rechtliche Konsequenzen

Cybermobbing selbst ist im deutschen Rechtssystem kein eigenständiger Straftatbestand. Allerdings können bestimmte Handlungen, die im Rahmen von Cybermobbing begangen werden, strafrechtliche Konsequenzen haben. Dazu zählen unter anderem die Beleidigung nach § 185 des Strafgesetzbuches, üble Nachrede nach § 186 des Strafgesetzbuches, Verleumdung nach § 187 des Strafgesetzbuches, Verletzung der Vertraulichkeit des Wortes nach § 201 des Strafgesetzbuches, Verletzung des höchstpersönlichen Lebensbereichs durch Bildaufnahmen nach § 201a des Strafgesetzbuches, Nötigung nach § 240 des Strafgesetzbuches, Bedrohung nach § 241 des Strafgesetzbuches sowie Gewaltdarstellung nach § 131 des Strafgesetzbuches. Wichtig ist, dass diese Regelungen nur für Personen ab 14 Jahren gelten, da Kinder unter dieser Altersgrenze als strafunmündig gelten gemäß § 19 des Strafgesetzbuches.

Neben den strafrechtlichen Maßnahmen können Opfer von Cybermobbing auch zivilrechtliche Wege beschreiten. (Rechtecheck-Redaktion, 2024). Hierzu zählen Maßnahmen wie Abmahnungen, Unterlassungsklagen oder einstweilige Verfügungen, die darauf abzielen, das schädliche Verhalten zu unterbinden, ohne dass strafrechtliche Schritte notwendig sind. Die Wahl des geeigneten Mittels hängt von der Schwere des Mobbings und den individuellen Umständen ab. Es wird empfohlen, dass Cybermobbing-Opfer sich zunächst an vertrauenswürdige Personen wenden und gemeinsam über die nächsten Schritte entscheiden.

8 Präventionsmaßnahmen

Cybermobbing stellt eine ernsthafte Bedrohung für das Wohlbefinden von Kindern und Jugendlichen dar. Die Anonymität und Reichweite des Internets ermöglichen es Täter:innen, ihre Opfer rund um die Uhr zu belästigen, was zu erheblichen psychischen und sozialen Problemen führen kann. Diese Probleme reichen von Angstzuständen und Depressionen bis hin zu sozialem Rückzug und vermindertem Selbstwertgefühl. Präventive Schulprogramme sind daher von entscheidender Bedeutung, um die Medienkompetenz und Empathie der Schüler:innen zu fördern und ein positives Schulklima zu schaffen.

Ein exemplarisches Modell hierfür ist das Programm "Medienhelden", das von Schultze-Krumbholz et al. (2012) entwickelt wurde. Es zielt darauf ab, die Medienkompetenz und Empathie der Schüler:innen zu stärken. Medienkompetenz umfasst die Fähigkeit, digitale Medien verantwortungsvoll zu nutzen, Informationen kritisch zu bewerten und sich der potenziellen Risiken bewusst zu sein. Empathie fördert das Verständnis und Mitgefühl für andere, was respektvolle und unterstützende Online-Interaktionen begünstigt. Durch gezielte Übungen und Diskussionen lernen die Schüler:innen, die Perspektive anderer einzunehmen und die Auswirkungen ihres eigenen Verhaltens im digitalen Raum zu reflektieren.

Ein weiteres Beispiel ist das Surf-Fair-Programm von Pieschl und Porsch (2012), das für Schüler:innen der Klassen 5 bis 7 konzipiert wurde. Die beiden Varianten des Programms dauern zwischen 90 und 180 Minuten und umfassen insgesamt 17 Übungen, die eine aktive Teilnahme der Jugendlichen erfordern. Im Programm wird traditionelles Mobbing mit Cybermobbing verglichen und eingehend untersucht. Anhand von Videos werden die Jugendlichen über Cybermobbing informiert. Ein Beispiel für Mobbing wird präsentiert, das ohne Lösung endet. Die Schüler:innen erhalten Aufgaben, die sie in Gruppen- oder Partnerarbeit bearbeiten sollen, um Lösungsansätze zu entwickeln. Dazu gehört das Formulieren von Gefühlsbeschreibungen sowie Gedanken über Täter:innen und Opfer. Darüber hinaus werden die Handlungsweisen von Täter:innen, Opfern und Zuschauern analysiert.

Die digitale Landschaft ist ständig im Wandel, und neue Formen von Cybermobbing entstehen kontinuierlich. Daher ist es unerlässlich, die Didaktik von Präventionsprogrammen regelmäßig zu überprüfen und anzupassen. Rollenspiele und Gruppendiskussionen haben sich als besonders effektiv erwiesen, um Empathie zu fördern und das Verständnis für die Auswirkungen von Cybermobbing zu vertiefen (Hinduja & Patchin, 2017). Diese Methoden sollten kontinuierlich überwacht und überarbeitet werden, um sicherzustellen, dass sie den aktuellen Herausforderungen gerecht werden. Zusätzlich könnten digitale Tools und Plattformen in den Unterricht integriert werden, um den Schüler:innen praxisnahe Erfahrungen zu ermöglichen.

Eltern spielen eine Schlüsselrolle bei der Prävention von Cybermobbing (Bündnis gegen Cybermobbing, 2022). Durch Aufklärung und Interesse an den Online-Aktivitäten ihrer Kinder können sie frühzeitig Risiken erkennen. Ein vertrauensvolles Verhältnis ist entscheidend, damit Kinder offen über Probleme sprechen. Anstatt autoritär zu reagieren, sollten Eltern gemeinsam mit ihren Kindern Lösungen finden, wie z. B. das Blockieren von Täter:innen in sozialen Medien. Handy- oder Internetverbote sind kontraproduktiv, da sie das Vertrauen gefährden. Wichtig ist es, Verständnis zu zeigen und bei ernsthaften Bedrohungen Unterstützung von Schule oder Polizei zu suchen. Neben schulischen Programmen und elterlicher Unterstützung sind auch rechtliche und institutionelle Maßnahmen wichtig. Die Polizei und andere Institutionen bieten Programme zur Prävention und Intervention an, um Cybermobbing zu bekämpfen. Dabei ist es wichtig, die Anonymität des Internets zu berücksichtigen, die es oft schwierig macht, die Täter:innen zu identifizieren. Dennoch können bestehende Programme für traditionelles Mobbing angepasst und eingesetzt werden, um auch gegen Cybermobbing vorzugehen (Cybersicherheitsmonitor 2023). Es ist entscheidend, dass diese Programme flexibel und anpassungsfähig sind, um den sich ständig ändernden digitalen Bedrohungen gerecht zu werden

9 Fazit

Diese Hausarbeit untersuchte das Gefahrenpotenzial von Cybermobbing für Kinder und Jugendliche im Internet, beleuchtete die psychosozialen Auswirkungen und analysierte Präventions- sowie Interventionsstrategien im Rahmen der sozialen Arbeit. Die Ergebnisse zeigen, dass Cybermobbing eine komplexe Bedrohung darstellt, die durch Anonymität, Entgrenzung und erhöhte Reichweite verstärkt wird. Diese digitalen Eigenschaften senken die Hemmschwelle für aggressives Verhalten und erhöhen die Belastungen der Betroffenen, die häufig unter psychischen Beeinträchtigungen wie Depressionen und Angstzuständen leiden.

Die Analyse der Rollenverteilung zeigt, dass Täter:innen oft durch mangelnde Empathie und Dominanzstreben gekennzeichnet sind, während Opfer schwerwiegende psychosoziale Belastungen erfahren. Zeug:innen können sowohl zur Eskalation als auch zur Milderung beitragen. Schutzfaktoren wie Schulbindung und Unterstützung durch Eltern und Gleichaltrige stärken die Resilienz der Betroffenen und reduzieren das Risiko langfristiger Schäden.

Die Arbeit hebt die Bedeutung evidenzbasierter Präventions- und Interventionsstrategien hervor, die frühzeitig ansetzen sollten, um Medienkompetenz, Empathie und soziale Verantwortung zu fördern. Programme wie „Medienhelden" und „Surf-Fair" zeigen, dass die Stärkung dieser Kompetenzen das Risiko von Cybermobbing reduzieren kann. Eine enge Einbindung von Eltern und Fachkräften durch Schulungen und Informationsangebote ist dabei von zentraler Bedeutung.

Zukünftige Forschung sollte die Langzeitwirkungen von Cybermobbing und die Wirksamkeit von Präventionsprogrammen vertiefter untersuchen, wobei die spezifischen Bedürfnisse verschiedener Betroffenengruppen berücksichtigt werden müssen. Die Entwicklung und Evaluation von Programmen unter Einbeziehung der Betroffenen ist hierfür essenziell.

Zusammenfassend liefert die Arbeit wertvolle Ansätze für die Praxis der sozialen Arbeit und die Weiterentwicklung von Maßnahmen zum Schutz von Kindern und Jugendlichen in der digitalen Welt. Es ist entscheidend, dass Eltern, Lehrkräfte und Fachkräfte gemeinsam Verantwortung übernehmen, präventiv handeln und die Resilienz junger Menschen stärken. Prävention und Aufklärung bleiben die Schlüssel, um die Risiken von Cybermobbing wirksam zu minimieren und den Schutz der Betroffenen zu gewährleisten.

Literaturverzeichnis

Abreu, R. L. & Kenny, M. C. (2017). Cyberbullying and LGBTQ Youth: A Systematic Literature Review and Recommendations for Prevention and Intervention. *Journal Of Child & Adolescent Trauma*, 11(1), 81–97. https://doi.org/10.1007/s40653-017-0175-7

António, R., Guerra, R. & Moleiro, C. (2023). Cyberbullying during COVID-19 lockdowns: prevalence, predictors, and outcomes for youth. *Current Psychology*, 43(2), 1067–1083. https://doi.org/10.1007/s12144-023-04394-7

Bitkom Research. (2024). Kinder- & Jugendstudie 2024. *Bitkom e.V.* https://www.bitkom.org/sites/main/files/2024-08/240806bitkom-chartskinderundjugend2024.pdf

Böhmer, M. & Steffgen, G. (2022). Wohlbefinden und Gesundheit im Jugendalter. I n *Wohlbefinden und Gesundheit im Jugendalter.* Springer. S.453-467

Bündnis gegen Cybermobbing. (2022). *Für Eltern – Bündnis gegen Cybermobbing.* Bündnis gegen Cybermobbing. https://buendnis-gegen-cybermobbing.de/ratgeber/fuer-eltern.html

Cybersicherheitsmonitor. (2023). Polizeiliche Kriminalprävention der Länder und des Bundes (ProPK) und Bundesamt für Sicherheit in der Informationstechnik (BSI).

De Bock, F., & Rehfuess, E. (2021). Mehr Evidenzbasierung in Prävention und Gesundheitsförderung: Kriterien für evidenzbasierte Maßnahmen und notwendige organisationale Rahmenbedingungen und Kapazitäten. *Bundesgesundheitsblatt - Gesundheitsforschung - Gesundheitsschutz*, 64(5), 524-533.

Guo, S. (2016). A meta-analysis of the predictors of cyberbullying perpetration and victimization. *Psychology in The Schools*, 53(4), 432–453. https://doi.org/10.1002/pits.21914

Hinduja, S., & Patchin, J. W. (2017). Cultivating youth resilience to prevent bullying and cyberbullying victimization. *Child Abuse & Neglect, 73*, 51-62. https://doi.org/10.1016/j.chiabu.2017.09.010

Kim, J., Walsh, E., Pike, K. & Thompson, E. A. (2020). Cyberbullying and Victimization and Youth Suicide Risk: The Buffering Effects of School Connectedness. *The Journal Of School Nursing*, 36(4), 251–257. https://doi.org/10.1177/1059840518824395

Nikolaou, D. (2017). Does cyberbullying impact youth suicidal behaviors? *Journal Of Health Economics*, 56, 30–46. https://doi.org/10.1016/j.jhealeco.2017.09.009

Nikolaou, D. (2021). Bullying, cyberbullying, and youth health behaviors. *Kyklos*, 75(1), 75–105. https://doi.org/10.1111/kykl.12286

Petermann, F. & Von Marées, N. (2013). Cyber-Mobbing: eine Bestandsaufnahme. *Kindheit und Entwicklung*, 22(3), 145–154. https://doi.org/10.1026/0942-5403/a000111

Petras, I.-K., & Petermann, F. (2019). Übersicht zu Risikofaktoren für Cybermobbing-Viktimisierung im Kindes- und Jugendalter und Empfehlungen für die Präventionsarbeit. *Zeitschrift für Psychiatrie, Psychologie und Psychotherapie*, 67(4), 203-220. https://doi.org/10.1024/1661-4747/a000391

Pieschl, S. & Porsch, T. (2012). Schluss mit Cybermobbing!: Das Trainings- und Präventionsprogramm »Surf-Fair«. Mit Film und Materialien auf DVD. Beltz.

Rechtecheck-Redaktion. (2024). *Cybermobbing: rechtliche Möglichkeiten und Schutzmaßnahmen. rechtecheck.de.* https://rechtecheck.de/cybermobbing-rechtliche-moeglichkeiten-und-schutzmassnahmen/

Schultze-Krumbholz, A., Zagorscak, P., Roosen-Runge, A. & Scheithauer, H. (2021). *Medienhelden: Unterrichtsmanual zur Förderung von Medienkompetenz und Prävention von Cybermobbing.* Ernst Reinhardt Verlag.

Vaillancourt, T., Faris, R., & Mishna, F. (2017). Cyberbullying in children and youth: Implications for health and clinical practice. *Canadian Journal of Psychiatry, 62*(6), 368-373. https://doi.org/10.1177/0706743716684

Willard, N. E. (2007). *Cyberbullying and cyberthreats: Responding to the challenge of online social aggression, threats, and distress.* Research Press.

Williford, A., Elledge, L. C., Boulton, A. J., DePaolis, K. J., Little, T. D. & Salmivalli, C. (2013). Effects of the KiVa Antibullying Program on Cyberbullying and Cybervictimization Frequency Among Finnish Youth. *Journal Of Clinical Child & Adolescent Psychology, 42*(6), 820–833. https://doi.org/10.1080/15374416.2013.787623

III